Fabiano Mendes

O MÉTODO EU

Ferramenta utilizada por uma história real

2016

Liberte seu Eu pensante

para a vida Abundante

D

DAYA EDITORIAL

O Método Eu

Título
O Método Eu

Autor
Fabiano Mendes

Diagramação e capa
Sonia M. Silva

Projeto Gráfico
DAYA Editorial

Mendes, Fabiano
O Método Eu / Fabiano Mendes / São Paulo : Daya Editorial, 2017.
100 Páginas
ISBN 978-85-67283-39-5
1. Autoconhecimento 2. Autoajuda I. Título

CDD- 120

DAYA EDITORIAL

www.dayaeditorial.com.br
contato@dayaeditorial.com.br

Alcançar objetivos simples e os impossíveis, que jamais imaginaria em sua vida, é o principal motivo de você estar aqui no planeta Terra.

Você tem forças incríveis na criação das mudanças. Por isso, lute pela sua; foque em disciplina e persevere, porque os degraus que o levarão ao pódio estão livres para você alcançar a impossibilidade!!!

Este livro contém ferramentas para você entender porque seus projetos de trabalho, sonhos, equilíbrio emocional, amor familiar; não se desenvolvem 100% e alguns nem se desabrocham. Eu, Fabiano Mendes, também não entendia o Porquê!

Depois de quase dez anos que minha bela esposa se dedicava à minha mudança pessoal, resolvi me conhecer e mudar as condutas, de um jeito sutil no começo, mas foi o suficiente para perceber e ouvir a excelente esposa e familiares: identificando e elogiando o novo Fabiano.

Essa leve melhora pessoal e identificação da família me impulsionou a ler livros sobre a mente. Aprendi a mapear meus defeitos, coloquei em um rascunho e assim o universo negativo registrado surgiu e logo a dor de tê-los também; mas, como somos integrados ao Universo da Inteligência divina, fui contemplado com a libertação do peso dos defeitos e seus derivados (erros e falhas). Após reconhecê-los, enfrentei o cotidiano com muito medo de sua reação. Com o passar do tempo, entendi também que tudo passa e se modifica, e assim foi e está sendo até hoje.

Agora sou um homem livre e aprendi que tudo na vida precisa de uma base sólida e a principal é a familiar. Por isso, eu e minha esposa lutamos para nossos filhos, que Deus confiou aos nossos cuidados, que continuem essa mudança da estrutura familiar, porque: a luta é constante e parte de cada um.

Quando percebi que essa ferramenta estava me fazendo ser um homem melhor e o astral familiar estava fantástico, resolvi dividir essa ideia divina para todos, de uma forma detalhada dos passos que percorri, após ter percebido que muitas pessoas em meu entorno não evoluíam como desejavam também.

E assim surgiu O Método Eu.

Introdução

ABordarei nessa introdução um Eu com defeitos, erros e falhas. Leia e pratique O Método Eu e entenderá que a atitude de se autoconhecer e reconhecer seus defeitos conseguirá modificar todo o cenário da sua Vida atual!

EU

A nomenclatura do Eu fragmentado; significa exatamente as suas condutas que são alimentadas pelos defeitos, que interferem na virtude terrena **(A VIDA).**

O ser humano que expõe uma imagem e comportamentos para o convívio, com intenção de agradá-los, sendo que, no seu interior, ele não tem pensamentos e nem atitudes de agir, "Fora a do convívio"; que lhe agrade positivamente! Para aí sim, viver na realidade a que se expõe!

Imagine um Eu:

Ansioso, autossuficiente, mentiroso, cego, desatento, que diz que está tudo bem, sem resolver, cometendo atitudes erradas para obter uma vida que ainda não lhe pertence...

Essas condutas e atitudes falsas criam distorções psíquicas, formando barreiras sedimentares (**fragmentos**) em torno do **Eu pensante**.

Acordo Moral
é a forma mais coerente a se
seguir para a melhora pessoal.
O Método Eu, é um simples
distribuidor de informações a se
orientar, não deve se apegar no papel
que está expresso nesse distribuidor,
mas sim na direção divina que irá lhe
inspirar para o seu acordo moral
e racional. Esta inspiração é
fundamental para a base da
sua vida terrena.

O Método Eu, vem para a sua vida como um auxílio incentivador para você enfrentar diariamente esses conflitos internos e desconfortos mentais que lhe perseguem há anos. Para o método funcionar 100%, é necessário que se desenvolva um simples e verdadeiro sentimento: Amor próprio! Essa positividade moverá a energia do Universo a seu favor e você sentirá o amor de Deus reinando sobre a sua vida.

Caro leitor!

Talvez esteja achando difícil se enfrentar, mas, a partir do momento em que se quer mudar o jeito de ser, o **Eu pensante** se manifestará e lhe dá força diariamente para alcançar e se manter no exato equilíbrio.

A CONCLUSÃO DO FOCO DO MÉTODO

Você chegará em uma vida abundante que, já existe. E verá que o acordo moral era, e, sempre vai ser a chave do sucesso!!!

Conheça o seu potencial

A mente registra atitudes de fases boas e ruins da sua vida, que direciona o seu Bem ou Mal-estar diário. Com a prática diária do método, irá perceber a facilidade de mudar a qualquer momento o desequilíbrio para o equilíbrio, inicialmente com pouca estabilidade, mas, com a sua perseverança e disciplina, o seu Eu pensante trabalhará, incansavelmente para sua estabilidade no equilíbrio, harmonia, alegria e felicidade, e saiba que: nas suas decisões boas ou ruins, ele orientará você naquilo que desejar de bom, por exemplo:

— se desejar ser feliz ele irá orientá-lo (a) para o caminho da felicidade, mas se ocultará através do seu descaso por si; obviamente se desejar ser ruim consigo e com todos, será infeliz (ou seja, será conduzido pelos seus pensamentos negativos).

Agora sabe que a intenção praticada com qualidade por alguns instantes ou horas, sendo negativa ou positiva, sentirá e receberá aquilo que deseja.

Lembre-se:

— Se todos os seres humanos são filhos dessa Inteligência Divina, então essa é a certeza de que pode viver a vida com abundância através de pensamentos raciocinados e atos positivos; de Amor; Estudos de conhecimento em geral; Empatia; Respeito consigo e semelhantes.

— Disciplina e Perseverança são atitudes que devem ser incorporadas no pleno sentimento da vontade de mudar o astral da vida.

A sua sinceridade de querer estar bem consigo e com todos, e ser uma pessoa totalmente feliz: está na qualidade da vida moral, mas não na qualidade da vida material. A riqueza está no reconhecimento do Eu pensante dentro do seu ser. A partir do momento que reconhece essa riqueza, saberá que tudo que você quer ser, será; e com a Empatia, Amor e Respeito consigo e com todos, permanecer-se-á na vida com Abundância.

Todas as fases do método mostra-lhe os momentos que seu Eu pensante está passando, talvez ache que não está nas condições qualificadas na primeira fase, mas pratique-a e permaneça firme nas outras, e verá que sempre temos algo a melhorar. E se, houver necessidade de mudança, lute para mudar e conseguirá visualizar, cada vez mais a beleza da vida.

O ACORDO MORAL

Cada fase deve-se renovar o acordo moral, a renovação o leva a se conhecer e a se capacitar cada vez mais, a grande percepção sentirá: a partir do momento que descobrir que pode mudar seus pensamentos negativos para os positivos, a desconfiança para a confiança, a perda para a conquista, após essa descoberta, se identificará como o diretor da sua própria história.

Para que chegue no estágio de diretor, deve-se ser sincero consigo e respeitoso com o acordo moral, que irá expressar nas páginas dos globos que simbolizam a sua mente; Saiba que: tudo que escrever e tudo que acreditar ser melhor para você e seu convívio, acontecerá.

A importância de identificar, aceitar, se perdoar ou perdoar, modificar os pensamentos, atitudes, os erros, as falhas e os defeitos; é extremamente importante para se libertar das barreiras sedimentares (pensamentos negativos, sugestões cotidianas sem nexo e maldade alheias...). Assim o sucesso de cada fase estará garantido e a gloria da vida com abundância se estabelecerá!

Conexão

O uso das palavras (Eu pensante) juntas é para saber que existe uma conexão Divina entre você e sua mente (Seu espírito, Espiritualidade universal, Deus).

Eu, o autor, obtive o contato nitidamente pela primeira vez durante a leitura do livro conhecido mundialmente: *O Poder do Subconsciente* (Autor Dr. Joseph Murphy), é a mais pura verdade existente em nossa mente; pratiquei e fui correspondido por diversas vezes, inclusive obtive informações que foram utilizadas para realização desse método, porém, ao longo da trajetória para o caminho correto da descrição desse método, reconheci o Eu pensante.

O Eu pensante vem como um auxílio precioso, através de uma voz suave, percepções, pensamentos e visões do caminho a seguir; em sua mente. Ele o alerta para evitar a construção dos maus pensamentos, até sobre atitudes alheias de más intenções para consigo; na falta de sua atenção com os alertas, ele utiliza a força Divina que se manifesta através do seu convívio para alertá-lo. O alerta pode vir como contingências de diversas formas, mas sempre com o intuito de lhe proteger.

A oportunidade de reconhecê-lo é uma grandiosidade para você se permanecer nessa perfeita conexão deve-se: construir barreiras de proteção através de orações, pensamentos positivos, respeito com os seus acordos moral, respeito com o seu convívio e principalmente deve-se reconhecer uma crítica (saiba que toda objeção é positiva após ser analisada detalhadamente); se as críticas forem de uma forma que não concorda, não perca tempo discutindo aquilo que já está sendo alertado pelo seu Eu pensante, (respeite as pessoas como gosta de ser respeitado[a]).

Todos têm tempo para mudar, a sua mudança está sendo agora, por isso não entre em atrito e não perca tempo criticando e questionando os alheios, cuide de seus comportamentos e pensamentos, a sua melhora pessoal não pode se abalar por causa de um mau entendimento ou desavença. A prática contínua do método com as orações, disciplina e perseverança e as Informações Divinas que virão em sua mente irão mostrar-lhe o caminho do entendimento.

Não ouça seu desânimo e muito menos o egoísmo consigo mesmo, você sabe que é muito triste saber que pode mudar, mas não tem a atitude por causa da falta de coragem de se enfrentar.

Tenha foco e imagine os resultados dos seus objetivos e ideias, porque o seu caminho já está pronto para a colheita.

MOTIVAÇÃO

A **Força de vontade** irá determiná-lo para reciclar os seus objetivos e, motivá-lo para raciocinar e buscar algo que deseja ter na personalidade que, por sua vez, refletirá diretamente na família, na profissão e no social.

O ideal para fixar a compreensão do método é a releitura e refazer a prática, assim poderá perceber cada detalhe da motivação imposta.

Qualquer motivação é momentânea, mas a diversidade imposta pode ser eterna. Ame mais, viva mais, respeite mais e evoluirá o dom de viver a vida motivada, harmonizada e Feliz.

Benefícios:

O segredo do método é o trabalho feito no seu íntimo pessoal e na moralidade exterior sobre o seu novo jeito de ser, claro:

— Com a sua total determinação e com a sua vigilância diária, juntas.

Perceberá o ambiente familiar ficando mais leve e harmonioso, consequentemente nas relações com o seu convívio, com tudo: sentirá mais confiança pessoal, trazendo-a para sua família e trabalho com a postura no modo de falar e agir com todos.

Reconhecimento

Reconhecerá o amor de Deus (O Poder do Universo) por você através do seu amor próprio, que irá aflorar em seu ser como um jardim florido, de sentimentos e razões de inteligência divina protetora, e saberá ter compaixão para com todos.

Mudanças internas

— Reconhece o amor de Deus.

— Reconhece o amor próprio.

— Se liberta das barreiras sedimentares.

— Se liberta de vícios.

— Se torna uma pessoa mais interessada para alcançar grandes desafios.

— Se torna uma pessoa mais centrada.

— Desenvolve a atenção cognitiva.

— Aprende a amar cada minuto do seu dia.

— Desenvolve o valor do respeito consigo e com todos em volta.

Mudanças externas

— Desenvolve a atenção cognitiva com seus familiares e a todos.

— Desenvolve a seriedade no falar.

— Desenvolve a coerência e cautela no que quer expressar.

— Se torna prestativo para boas ações.

— Criativo no modo de educar, ensinar ou passar uma informação.

— Terá atenção em todos os detalhes, das necessidades do cônjuge.

—Valorizará a amizade no casamento e com os filhos.

— Aprenderá a observar o comportamento dos filhos para educar melhor e ensinar a se defender, e filtrar moralmente a diversidade da vida do cotidiano.

— Enxergará e incentivará os filhos para as atividades que eles mais gostam de fazer, com essa percepção facilitará o encontro deles com a sua profissão futura.

Profissão

O Método Eu auxiliará na sua busca por uma nova profissão, ou projeto pessoal; o amadurecimento das ideias para conquista, conforme for praticando o método, será o tempo necessário para conclusão do seu sonho.

Lembre-se: **Não pratique desavenças mentais, tenha certeza no que quer, a lei do universo é sensível para lhe atender, portanto, não fique desatento no que quer ter, foque para alcançar; pratique estudos que envolvam os seus objetivos e sonhos para recebê-los.**

MERECIMENTO

É um enigma que deve ser descoberto e adquirido, após ter aceito o amor de Deus em sua vida.

O reconhecimento do seu Amor perfeito e o seu Eu pensante que reina em seu ser, que cuida, orienta e o induz beneficamente para sua vida com abundância: são os sentimentos e racionalidade que devem ser valorizados para receber a qualidade de vida que merece!!!

Força
de
Vontade

FORÇA DE VONTADE

Determinação para resgatá-la!

Fazer o melhor para si mesmo é um dos aspectos que deverá seguir para sua melhora pessoal!

Na infância e na adolescência, crescemos ouvindo e sentindo os incentivos, as orientações e proteções de nossos pais ou responsáveis:

— **Vamos criança!**

Ande; pule; cuidado; calma; devagar; corra; vá brincar; força – você vai conseguir!

Nessa fase deliciosa, você foi criativo(a), inventava brincadeiras de diversas formas, jamais imaginava que poderia encontrar um direcionamento na vida através das brincadeiras, só queria ser livre com liberdade total para fazer o que quisesse!

Cole aqui sua foto de bebê ou o símbolo de sua brincadeira preferida da época!

O legal era que não tinha obrigações, só de brincar! E ir à pré-escola, mas tinha a necessidade da atenção de todos em sua volta, talvez recebesse a atenção de uma forma contigente ou carinhosa, dos familiares ou convívio, mas tenha certeza, era Deus falando com você, através Deles, para a sua evolução moral.

Você era o astro de todos! Na fase de bebê e nos momentos da pré-adolescência, quando incorporava os personagens que estimulava a sua imaginação..., mas na verdade só queria (sem perceber), se direcionar no mundo das informações que lhe eram impostas, para obter o conhecimento sobre as formalidades cotidianas; e assim se transformava o mundo ilusório em sua mente!

Que fase deliciosa! Lembra de qual personagem gostava de ser...?

Na adolescência, sofreu talvez com uma alta pressão pessoal, desenvolvendo a ansiedade para trabalhar e realizar suas necessidades, ou ajudar nas despesas de casa. Talvez sofreu com a pressão psicológica (direta ou indireta) dos incentivos dos Pais ou responsáveis, para encontrar a profissão que iria seguir:

— Filho(a) e aí? Já decidiu, o que quer ser quando crescer?

Mesmo se não obteve incentivo de alguém que admirava; e aí, decidiu???

Cole:
Uma foto da sua adolescência!!!

Independente da conduta que se direcionou, se não obteve o seu autoconhecimento e não reconheceu o seu Eu pensante, mesmo que os seus pais incentivassem e mostrassem a direção.

Seguiu uma trajetória, formada por sugestões cotidianas, como:

— lute por um ideal; não deixe de fazer o que gosta; estude; sonhe com o seu futuro; seja inteligente; seja esperto; não roube; não use drogas; procure uma profissão que goste; seja um cantor; ou atleta; ou médico; ou ...;

O que você quer ser quando crescer ...?!

Se encontrou, então: estude ou vá procurar informações de como fazer o seu sonho virar realidade, você ainda é novo, dá tempo para estudar e ser um profissional qualificado em uma grande empresa, porque quando estiver na fase adulta – não terá mais tempo e nem...! Lembra desses dizeres???

"Eita época boa e confusa!!!"

O Método Eu , reafirma esses dizeres na página anterior, mas modifica a lógica do ultimo dizer (porque quando estiver na fase adulta, não terá mais tempo) e afirma que sempre é possível fazer tudo que gosta e o que quer ser na vida presente; obviamente todos querem ter uma vida com abundância, é claro! É ótimo ter uma vida com Saúde, Paz, Amor, Equilíbrio, Riqueza espiritual e material!!!

Saiba que

Tudo isso se conquista independentemente da idade, então:

— Faça o melhor para si agora!!!

O que você quer ser agora? Essa pergunta se engloba em qualquer objetivo que queira seguir:

— Melhora pessoal ou profissional.

O mais importante a saber é que poderá, ser ou ter o que quiser; conheça o seu Eu pensante e verá o poder que reina em você!!!

Eu pensante

COM O EU PENSANTE, SERÁ DIFE-
RENTE POSITIVAMENTE, ALERTE-SE:

A falta do amor e da atenção cognitiva da maioria dos Pais ou responsáveis,
pela criança que foi confiada por Deus
aos seus cuidados dificulta o aprendizado do Ser que está em
evolução terrena (com a mente livre), querendo desabrochar
a arte da vida, da alegria, do entendimento.

Filhos, que sois Pais também, alertem-se para a mudança da personalidade, não é fácil ser criança, quando não se é
amado(a).

O amor flui todos os dizeres da vida, dá a noção do espaço e a direção que deve seguir; siga o fluido da vida, respire
fundo, sinta a calma do tempo e a dimensão das vibrações dos
pensamentos, a cada pensamento falado, dará a chance do Ser
amado; desabrochar na vida.

Começa a libertar o seu Eu pensante

— Se acalme, dê chance para você se enxergar.

— Escute o seu Ser, siga a sua sensação e intuição, a
mente trabalha conforme você desejar ou planejar.

— Repita por várias vezes o que quer mudar.

— Sugestões eficazes são as positivas que falam de amor.

— Compaixão; compreensão; mudanças positivas pessoais; orações; meditação; canções; livros de autores que têm visão no desenvolvimento humano; palestras...

Todas essas sugestões, expressadas com sentimentos verdadeiros e com racionalidade, levará ao encontro do seu Eu pensante, será um trabalho árduo, porque mexe com tudo aquilo que um dia foi criado e se alojou em sua mente, e tudo aquilo que está quieto, não quer ser removido.

"Não desista em nenhum instante"

As vibrações negativas irão se mover, mexendo com todas as estruturas que já estão sacramentadas, até as que parecem ser boas, mas nada pode ser bom, se a base primordial de um Ser não foi construída em uma Rocha com Amor verdadeiro e racionalidade.

O amor verdadeiro deve ser passado olho a olho, com todos os dizeres positivos possíveis, até mesmo nas objeções. Não seja mais um Ser, seja (nome)_____ _____, e siga para uma mudança especial, passe amor por sugestões para a sua mente, repita por diversas vez tudo aquilo que é de ótimo para você, sua família e sociedade, queira a sua real mudança pessoal e irá conseguir enxergar o amor que talvez faltou na sua infância.

Alerte-se

Olhe para seus pais e veja; eles também sentiram a falta desse amor, e mude também, seus pensamentos sobre eles.

Agora, está na hora de suprir essa necessidade familiar, comece por você, seja diferente positivamente com muito amor, paz, serenidade e se torne um distribuidor de informações positivas, a vida realmente tem altos e baixos, mas com amor, os momentos baixos ficam suaves e os grandes momentos ficam alucinantes em vivê-los.

Lembre-se: ninguém veio ao mundo para sofrer, mas sim para aprender e viver intensamente cada instante com muito Amor e Paz.

Oração: Revelação das barreiras sedimentares

Deus todo poderoso, revele-me todas as barreiras compostas com fragmentos de dor, desespero, insegurança, medo, insatisfação, preconceitos, egoísmo, orgulho, críticas e injustiça. Quero me libertar através do seu amor, da compaixão e da sua justiça divina; todas as minhas falhas, erros e defeitos.

Peço-lhe perdão e me perdoou pois, estava cego(a) o tempo todo, quero a partir de agora ser livre de todas as lacunas da minha mente.

Que reine em meu Ser o seu eterno equilíbrio e a sua harmonia espiritual!

Graças ao equilíbrio Divino!

Agora cole a sua foto atual e siga em frente, a partir de agora irá começar a sua mudança e enxergará aos poucos o seu eterno Amor pessoal, a Paz espiritual, A Harmonia divina e sentirá o Amor divino !!!

Cole:
Uma foto sua, atual.

Cole o
símbolo ou
descrição do seu
objetivo

Seu Eu pensante com Atenção cognitiva

Para encontrar qualquer resposta que queira:

— Feche os olhos agora mesmo, se acalme, entre em inércia (em um vácuo em sua mente), respire fundo; viaje para dentro de você, sinta as vibrações em sua mente.

Concentre-se: até os pensamentos internos e sons externos não lhe incomodarem, foque o equilíbrio mental, não deixe seus pensamentos gerados por sua mente em forma de sons ou alertas (aqueles pressentimentos que talvez poderá chegar alguém), desviar a sua atenção; esses pensamentos são um costume do seu subconsciente aleatório, sem o seu comando (direção).

A partir desse momento, chegará no seu Eu pensante; agora converse com você em pensamento, peça a sua direção e siga as orientações que lhe serão encaminhadas divinamente:

Eu,_____

_____, quero,_____, a partir de agora!!

Pratique essa concentração por diversas vezes ao dia, por 5 minutos, ao longo das fases do método, até ficar prática a conversa, sem a necessidade de parar tudo que está fazendo para se concentrar em inércia consigo, e tenha certeza: tudo que o seu Eu pensante (você) precisar, obterá com a **Atenção cognitiva** as respostas; por diversas formas, em alguns instantes ou horas!

Com o Eu pensante habituado, você pode realizar o seu sonho de agora, porque já é privilegiado

Você sabia que, para manter uma vida milionária, o ideal é ter a mente ativa e, para obter essa atividade, deverá livrar a mente de problemas pessoais e sociais, então: aproveite que decidiu ler este método, veja o quanto você é um milionário!!

Saiba que!

A vontade de viver livre, leve e solto(a) ou seja; uma vida com abundância! Não é só uma realidade de todos os milionários Empáticos ou dos grandes espiritualistas do mundo, mas também de todos que se autoconheceram e se valorizam.

O amor por si é a base de tudo que possa querer ou imaginar, se amar e amar o convívio social é saber reconhecer a dádiva de Deus, o amor dele por todos! É por isso que merece uma vida milionária!

Para perceber que já é uma pessoa merecedora, olhe para seus olhos no espelho, e veja a vida pulsando em seus punhos; e diante do espelho, fale repetidamente agora mesmo por 5 minutos com muita calma, suavidade, concentração e vontade:

— Quero paz, amor e equilíbrio, harmonia e felicidade em minha vida e na de todos do meu convívio!!!

Para quem não pode se ver ou ouvir, faça a prática da frase acima, com a fala ou pensamento, se abraçando e se beijando com muito carinho e amor, onde estiver; e sentirá o seu valor na própria pele e a empatia de todos do seu convívio, consigo.

E verá o valor que seus instantes seguintes terão!

Pratique o Bem-estar

Vida social com Qualidade

Ficar bem consigo é independente das suas condições físicas ou emocionais, sendo rico ou pobre, não importa a classe social ou sexualidade. Praticar o bem-estar é só querer se valorizar!

Por onde começar a me valorizar?

Procure descobrir o que gosta de fazer e o que quer ser, sendo coisas simples ou grandes mudanças de hábitos:

— Praticar exercícios para sair da rotina, ou para uma recuperação física ou mental, mais rápida?!

— Fazer algo novo como: Atividade profissional diferente; Ler livros ou escrever um livro; Dar palestras ou ser um símbolo de superação para dar inspirações; Ir à igreja; ajudar os necessitados?!

O que acha, de modificar o bem-estar familiar e o convívio???

Criar novas atitudes de praticar o Bem-estar familiar, como:

— Preparar um belo almoço.

— Ajudar nos afazeres de casa.

— Ser prestativo e proativo(a).

— Fazer visitas solidárias por qualquer coisa que tenha vontade de oferecer ajuda.

Renove o modo de ser, o que acha???

Todas essas atitudes ou outras, são meios diretos e indiretos de cuidar da qualidade de todos, Independente da atividade ou atitude, essas ações já são um começo de um novo Bem-estar pessoal e familiar.

Ação

Agora comece por você, anote as suas vontades que estavam ocultas até agora, pratique-as; sentirá uma intensidade energética agindo e transformando o seu Bem-estar positivamente, dia após dias, na sua vida e na de todos em volta.

Ser o que gosta de ser, é uma dádiva da Vida; assim estará vivendo-a intensamente!

De valor a todos os minutos do seu dia, não critique as pessoas, não perca tempo falando do malfeito dos familiares, vizinhos ou conhecidos; Deseje de coração o Bem-estar de todos, se eles lhe desejarem o mal, faça o inverso, ore com muito amor para todos, mesmo que tenham lhe magoado; suas orações ao tempo fluidificará, e, com a bênção de Deus se libertarão das tristezas que ferem a sensibilidade da Vida.

Boas intenções

Faça orações para sua melhora pessoal e a paz social, doe seu tempo em boas ações, e verá o amor aflorar em seu jardim da Vida com Abundância.

Eu,_____, pratico o meu bem-estar e familiar dessa forma:

1_____, 2_____, 3_____,

4_____, 5_____, 6_____,

7_____, 8_____.

Graças a Deus!!!

INTRODUÇÃO DAS FASES

O Método Eu, traz quatro fases de práticas para a libertação do Eu pensante ao seu reconhecimento:

—A primeira é mais intensa, deverá ter muita vontade de vencer o vício da mesmice da mente, como o comodismo, conformismo, vícios e defeitos pessoais, sugestões cotidianas...

— A segunda é o reforço da melhora pessoal, resgate dos sonhos, criação de estratégias de estudos para a realização dos objetivos pessoais.

Com Fé e Raciocínio terá sucesso em todas as etapas!

As seguintes fases se tornam interligadas:

—Terceira, deverá ter atenção total às oportunidades ou ideias que irão surgir, para as conquistas pequenas e ambiciosas na vida pessoal e profissional, anote-as e faça o possível e o impossível com raciocínio e respeito consigo, e a todos; para realizá-las, assim receberá o seu merecimento.

— Quarta, estará mais centrado e totalmente equilibra-do(a), independente se não houve resultado em todos os seus objetivos anteriores, e os atuais; esta fase faz com que você se acalme e deixe a ideia amadurecer, em relação a algum obje-tivo não alcançado.

Esse tempo do amadurecimento da ideia é benéfico para o projeto, que ficará perfeito, igualzinho a este método que está começando a praticar. Esta fase ensinou a mim (o autor) a ter paciência e equilibrar a ansiedade.

Para todas essas fases funcionarem perfeitamente, deve seguir as recomendações de cada uma e praticá-las diariamente.

Separe 30 minutos do seu dia com plena concentração e verá diferença em alguns dias.

Nas próximas páginas, se dedique com disciplina e per-severança e terá uma vida em pouco tempo com Abundância de Saúde; Amor; Paz; Equilíbrio espiritual e financeiro.

O material que já tem sido pouco ou muito, passará a ter mais valor sentimental sem apego, mas sim com respeito à sua luta anterior, independente de qual forma que foi adquirido.

Observação: no seu reconhecimento dos seus atos, saberá eliminar os frutos do egoísmo, orgulho e ambição sem amor e respeito consigo e com o convívio.

Essa positividade imposta sobre a sua realidade transfor-mará o seu entendimento da importância do dinheiro na sua vida, e aí sim; saberá utilizá-lo para o seu crescimento moral e consequentemente para o seu material necessário. Compartilhará em forma de caridade e compaixão para o Bem-estar moral e material dos conhecidos e desconhecidos!!!

Lembre-se, **O Método Eu**: foi idealizado e formalizado sobre conquistas de uma história real, por isso não se engane, dê valor no que você tem hoje como: A sua vida, seus familiares, a casa onde mora (alugada ou própria), o trabalho atual, o bairro onde mora, a cidade e o País; Para que quando as ideias e oportunidades de crescimento moral e material aparecerem, possa conseguir identificá-las.

Se não amar o que tem hoje, não saberá administrar a vida que deseja ter agora!

Primeira fase

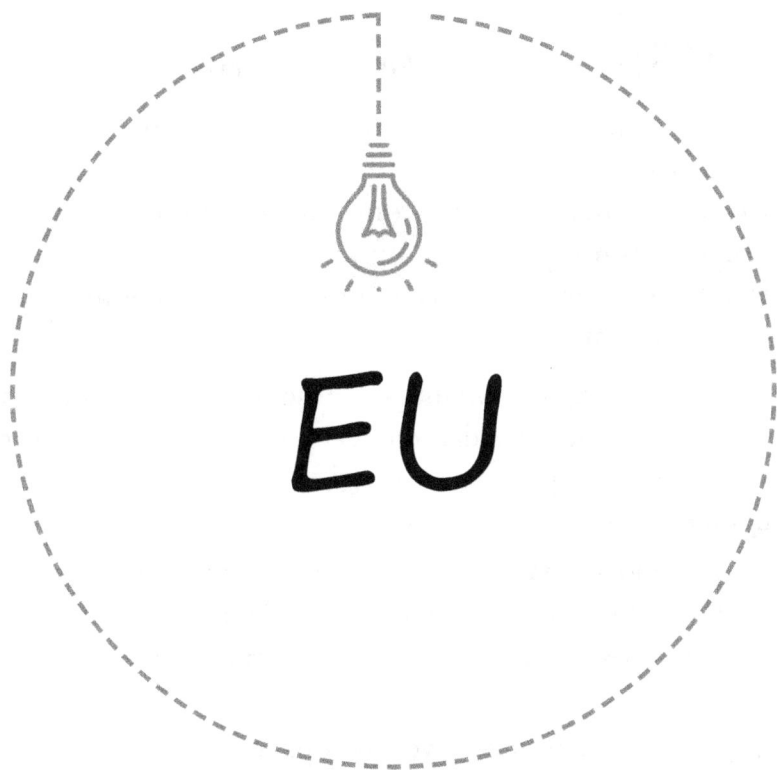

EU

Em busca do equilíbrio
espiritual e emocional!!!

EU

A falta do conhecimento do Eu pensante é a causa que mantém a maioria das pessoas com baixa autoestima.

A NOMENCLATURA DO EU FRAGMENTADO:

— É a forma do Eu se sentir inferiorizado, devido às suas raízes internas estarem repletas de dor e desespero; aprisionadas por barreiras construídas pelo desencontro consigo mesmo que contribui com intrigas, chateações, desavenças, más condutas e grandes arrependimentos com o seu convívio.

Essas barreiras confunde-o em suas decisões, durante a caminhada do seu dia a dia, no qual é mais simples conviver em harmonia do que querer estar bem no trabalho ou focar em um estudo.

A importância da predominação da razão real do Eu pensante, sobre sua vida presente é fundamental para a decisão dos momentos seguintes, que você irá percorrer a partir de agora.

A direção que você deve seguir para controlar a sua vida é a partir do momento que reconhece o sentimento de simplesmente mudar o modo de pensar; o querer viver em paz, tranquilidade e equilíbrio!

O fôlego será constante para participar da maratona de oportunidades que irá surgir, na trajetória do seu caminho orgulhoso que vai seguir. Todas as desavenças pessoais que irá enfrentar serão o molho especial do prato de informações que vai surgir em sua mente como ideias especiais para modificar as barreiras negativas que impedem o seu Eu pensante, filtrar as sugestões cotidianas que impregnam as fontes pensantes do seu cérebro, impedindo-o de alimentar o seu prazer de viver.

A modificação do seu Eu inferiorizado para a dominância do Eu pensante depende da sua mudança de hábitos e ideias sobre a vida presente e futura; ao colocar a nomenclatura inferiorizada do Eu no passado e existindo o reconhecimento dos seus fazeres anteriores, independente de seus atos internos ou externos, sabendo que não se deve fazer nada de diferente quando não há mais tempo de mudar aquilo que já está na decisão final dos fatos já existentes.

Será de livre e espontânea vontade do diretor do Eu pensante (você) decidir o que quer fazer agora, no qual já sabe o que fazer para mudar; Não diga não para a sua vontade de mudança, quando realmente sempre teve a vontade de mudar para melhor estar.

O jeito de viver agora é o que deseja ser nesse momento presente para ter a glória no futuro instante, compreenda e se automodifica; sobre as informações que surgirá dos bate-papos saudáveis, referentes aos seus comportamentos com o seu convívio. E o desconforto que surgirá das más informações alojadas, emanadas das fontes da sua mente, que se transformaram em maus pensamentos, e as frustrações que eles afloram no ato de sua atitude para dissipá-las; já sabe que é devido à má conduta tomada desde então do momento passado.

Agora, enfrente-os com força de vontade, de mudar o ruim pelo bom pensamento para as ações pensantes e transformações reais acontecerem em sua vida agora.

Lutar pela direção; se torne o diretor(a), dos instantes, momentos, horas, dias, meses para a nova vida que quer seguir; a decisão daqui para frente é sua, porque a vida é sua, o sorriso é seu, as lágrimas são suas, a dor você que tira, a felicidade você é quem traz, a harmonia é você que define, a tristeza é você que dissipa, a trajetória dos fatos é você que define.

O Amor Próprio
É como se fosse a água do oceano que envolve o planeta, nutrindo a vida terrestre interiormente e exteriormente.
Agora olhe para dentro de si, e veja o seu amor sendo nutrido pelo núcleo da vida, o Amor de Deus!

Fonte da qualidade de vida com abundância:

Amor — Gera qualidades — Para manter valorizado, faça boas ações!

Respeito — Gera raciocínio — Sempre pense antes de falar!

Compaixão — Gera segurança — Se coloque no lugar do outro para cuidar!
↓

Derivados:

Sonhar — Gera Pensamentos bons — expectativas e esperança!
↓

Detalhes positivos — Enriquece os bons pensamentos que por sua vez, abrem caminhos para as inspirações divina, e surge as excelentes ideias para você trilhar, o caminho do sucesso e a riqueza, na vida presente e próspera.

Primeiro Passo

Tudo na vida material é dirigido nos termos das normas e garantias nos contratos, agora faça o mesmo com o seu acordo moral e seja fiel:

— A primeira fase do método foi criada para você identificar-assumir-perdoar-modificar e libertar-se. Com a sua disciplina e perseverança, chegará ao equilíbrio estável e evoluirá no crescimento moral, espiritual e material.

Primeiro passo para uma ótima melhora pessoal é conhecer suas qualidades:

Encontre qualidades em você, peça ajuda para pessoas do seu convívio, nas quais você confia, anote nas seguintes linhas, da mais simples qualidade que faz para a sociedade até a mais bela qualidade que chama a atenção de todos do seu convívio:

1_____,2_____,3_____,

4_____,5_____,6_____,

7_____,8_____.

Saiba que, independente dos seus defeitos, você é uma pessoa que tem qualidades, e cada uma tem o seu valor que devem ser mantidos.

Se durante a prática do método algum dos defeitos colocar em dúvida uma das suas qualidade, não se decepcione, entenda que a qualidade afetada está passando por uma renovação e criando raízes profundas em seu ser e logo irá usufruí-la com maior maturidade.

Segundo Passo

O método funciona perfeitamente com três condições:

1- você deve ter a certeza de que quer modificar os seus defeitos, erros e falhas para condutas e atitudes positivas.

2- pratique orações; ao terminar a oração (a oração, é uma forma de meditar e idealizar seus instantes futuros), permaneça por um pequeno período em silêncio, com pensamentos de gratidão, para a bênção se santificar.

3- quando estiver preenchendo as linhas do globo, o seu **Eu** estará concentrado e controlando a sua mente; nesse momento, faça um acordo entre você e sua vida próspera, e fidelize uma prática diária de se vigiar.

Se houver deslize durante o dia: identifique as suas atitudes erradas ou pensamentos; após, releia o Globo para evitar cometer as outras falhas; Assinale os atos em que falhou novamente na página do passado e faça oração com reverência. E siga em frente: a sua evolução não pode parar.

*Qualidades e
Defeitos*

*A importância do diálogo em
família, e no convívio social é que
poderá obter informações divinas
através deles para se orientar, no que
está fazendo e no que está deixando de
fazer agora.
Faça o melhor, vele por seus
familiares e convívio, respeite-os,
e enxergará suas Qualidades,
Defeitos, Erros e
Falhas.*

Tenha a plena certeza de que quer modificar os defeitos da sua personalidade, responda algumas perguntas básicas:

— Como está se sentindo agora?

R._____

— Como você queria se sentir agora?

R._____

— O que falta?

R._____

Não se engane

Você pode ser simpático, uma pessoa legal, atraente, prestativa e possivelmente interessante de se conviver, mas se, autossuficiente, não enxerga os seus defeitos que podem ser um, dois , três ou mais, saiba que eles geram barreiras mentais negativas que são consequências de frustrações, críticas negativas, arrependimentos e etc. Por sua vez, elas acabam impedindo o seu crescimento moral, intelectual e material; se não enfrentar seus defeitos simples e graves e as consequências dos erros que podem ou não acabar com o seu convívio familiar e social. A tendência das barreiras mentais, que impedem o seu **Eu de** evoluir, é levá-lo a uma depressão ou frustrações durante anos, impendindo-o de saborear a vida!!!

Equilíbrio
É a soma das suas atitudes que reina a sabedoria divina.
Saborear o equilíbrio é enxergar seus defeitos que se manifestam sobre os alheios. Assim, saberá a força do universo que reina em seu ser, que lhe orienta para sua melhora pessoal. Com sua permissão, poderá fortificar suas qualidades e o equilíbrio com o Amor de Deus!!!

Siga a ideia do O Método Eu:

— Pergunte aos seus familiares, ou amigos, onde você está errando com atitudes chatas e impensáveis para com eles. Tenha um bate-papo aberto e sincero, questione sobre o seu tratamento que os afeta.

— Aprenda a ouvir, deixe seus familiares e amigos se expressarem abertamente sobre você e saiba que no começo é difícil escutar, mas com tolerância (dar o braço a torcer ou sair do salto alto) irá valer a pena cada momento do bate-papo, dia após dias, após término do método, meses e anos; até entrar em sintonia total, assim, será mais fácil ajustar-se em uma nova mudança.

Provavelmente terá reações de desacordo ao escutar uma verdade: controle-se, respire fundo, saiba que nem sempre estamos preparados para escutar a verdade; então prepare-se porque não tem mais tempo a perder, a mudança é agora.

Não tem mais o depois, depois... O depois levará a uma cama de hospital com doenças como estresse, físicas ou psicossomáticas.

Não se apegue à bondade de Deus, os seus maus pensamentos sabem que terá outras e outras chances, mas, no final da história, cedo ou tarde, terá que enfrentá-los para ser um Ser humano melhor e gozar da felicidade eterna prometida.

Saiba que: A felicidade está no seu autoconhecimento, respeito da sua moralidade e ética social (Assim, irá senti-la a cada instante).

Encare seus Defeitos-erros e as-falhas:

Explore todas as pessoas da sua confiança com suplicação como: por favor me ajude a melhorar a minha pessoa, me alerte quando estiver errado. Não desista de pedir ajuda, Jesus não fez diferente, ao pedir ao Pai Eterno as orientações.

Essas atitudes de suplicação poderão produzir agonias desconfortáveis após serem expressadas, fique atento. Antes de ter uma reação, filtre o desabafo deles, verifique se é verdadeiro ou falso; ao julgá-lo, decida e fique atento com os detalhes negativos da agonia que pode sentir (derivada dos maus pensamentos), saiba que os maus pensamentos lhe incomodarão (a soma dos erros ocultos) tentando distorcer a informação.

Aproveite este momento para analisar e aceitar a verdade e assim, aos poucos, aplicando seus desejos positivos sobre eles, irá modificá-los e se libertará do vício da sua mente, que repete por várias vezes ao dia o filme dos maus atos, das desavenças do passado, da felicidade falsa a que se obrigava, do fingimento de ser o que não é, do antissocialismo, etc.

Saiba: A inteligência divina jamais abandona a sua criação, ela reina com o sua energia cósmica, através dos sinais vitais do seu ser e, com sua permissão moral, ela conduzirá ao caminho melhor e sociável de se viver; na hora que você mais precisar, ela usará as pessoas ao seu lado para dialogar suas mensagens, da Paz divina. Então acredite: seus familiares e sociedade são pessoas fundamentais para uma autoavaliação.

Olhe para o espelho em um cômodo sozinho e fixe seus olhos; Fale com palavras positivas para si:

A partir de agora sou uma pessoa abençoada com o amor divino, que traz paz à minha mente, equilibrando o meu espírito com o equilíbrio perfeito do universo. Agora tenho o controle total dos meus pensamentos, guiarei a minha vida daqui para frente, com harmonia, paz, amor; e através da inteligência Divina aceitarei a verdade sobre meu ser, modificarei para melhor a minha personalidade, refletindo para os meus familiares, amigos e sociedade.

Sou eternamente grato, pela bênção alcançada.

Graças a Deus!

Autoconhecimento é a importância de conhecer a pessoa maravilhosa que existe em seu ser.

Traga o seu potencial à vida externa com bondade e paciência, e saberá a força que tem, só de saber se reconhecer.

INSTRUÇÕES SOBRE O MÉTODO E COMO USÁ-LO:

O globo é uma forma simples de reconhecer tudo aquilo que lhe incomoda: angústias, tristezas, dor de um erro; Sem precisar se humilhar, mas sim, se enfrentar com amor e conexão com o entendimento Divino:

— O globo, significa inferiorizado, é o estado de sua mente, e sua vida social.

Eu significa, que está coberto de maus feitos alojados nas fontes pensantes.

Na atitude de mudança do seu Eu fragmentado, que se tornará, a partir de agora pensante; deverá colocar os maus feitos no passado.

O GLOBO — A MENTE

Buscará recuperação na perseverança e disciplina, fé em Deus e raciocínio.

Pratique

—As orações (Meditações) sempre com reverência por 15 minutos diários ou mais (é o ideal).

—Agradecer o tempo todo por tudo que tem e vivencia.

— Sempre raciocinar antes de tomar uma decisão ou simplesmente falar.

Assim que identificou os defeitos-erros-falhas, coloque um subtítulo neles (o subtítulo significa que o problema é passado).

— Releia a frase controladora do globo com muita fé.

— Releia todas as falhas-erros-defeitos que quer modificar com bons pensamentos de superação.

— Coloque os subtítulos nas linhas expostas no globo abaixo, da primeira linha até a oitava a partir das falhas-erros-defeitos.

Confiança

É o sentimento que impulsiona as suas conquistas pela vida, sem ela nada acontecerá e nem mudará; saber mantê-la é fundamental para nova vida que quer ter.

Pratique

Faça uma oração destinada ao que deseja, após, raciocinar como deve ser ou como pretende que seja, respire fundo, procure a calma em seu ser, concentre-se, foque no resultado final; e sinta o seu Eu pensante se focalizando e lhe direcionando para as conquistas.

Após perceber que pode ter e modificar tudo para melhor com amor e respeito, sentirá a força que reina em você, essa força é acima da imaginação, perceberá à medida em que sintoniza a sua confiança. O seu cérebro irá se dilatando e expandindo os campos de raciocínio, a sua concentração ficará focalizada nos resultados dos seus objetivos pessoais, familiares e profissionais.

Na confiança total em você e na força que move montanhas (Fé) e muda a sua perspectiva de vida, *passará a sentir seu corpo formigando e se aquecendo, devido à concentração de energia positiva; quando estiver estudando, ou se concentrando em suas ações.*

A cada vitória alcançada, a sua personalidade irá modificar para melhor, e o mito: "essa pessoa nunca vai mudar" cairá por terra!

Revele suas falhas, erros e defeitos para você, não tenha medo e nem vergonha de assumi-los, busque confiança e equilíbrio na fonte do amor; amor esse que nos envolve interiormente e exteriormente que é, e sempre será regido pela

FORÇA DIVINA.

Se o erro for um caso que poderá abalar ou magoar alguém do seu convívio diário, guarde em um lugar reservado o livro do método, onde só você tem acesso, faça orações em reverência, destinada à solução desse erro e as soluções das falhas, por exemplo:

— Deus todo poderoso, sei que errei e aceito esta verdade, peço perdão primeiramente ao Senhor que me confiou com a bênção do entendimento da vida. Perdoe-me por causar más atitudes, me livre dos maus pensamentos (detalhes) com a sua divina bênção, trazendo Paz, Amor e Equilíbrio, Ilumine a vida da pessoa (nome:_____) que feri, livra-a do mal que lhe fiz. No momento certo, Pai amado, conduza a sua sabedoria das palavras em meu ser para revelar o erro que fiz no passado, com a sua Luz divina assim lhe peço.

Graças à sua eterna bondade!

Observação: Toda vez que for ler o globo, após a leitura, fixe os olhos nele por 5 minutos, olhando em 360° graus, e grave os objetivos que quer dissipar da sua mente. Desta forma, irá se cobrar quando errar novamente e cumprirá o acordo.

Página do passado

Preencha os espaços das datas do dia que irá começar a prática do método e as datas sequentes para uma autoavaliação ao término da primeira fase.

— Assinale os campos em branco, quando identificar deslize no dia.

— Ao assinalar os espaços em branco, fale com Fé e Entusiasmo que hoje é outro dia e esses problemas já foram solucionados; Crie uma frase de superação. Assim, tenha certeza de que, aos poucos, deixará de preencher os campos da planilha e se sentirá livre dos defeitos e derivados pessoais.

> Fé e Raciocínio
> Fé é tudo aquilo que
> você acredita que é verdade;
> acredite em Deus (na Inteligência
> universal),
> porque ele lhe deu a oportunidade de
> viver a Vida. Siga em frente, estude,
> busque o que quer e
> encontrará a direção certa para o
> sucesso do equilíbrio da sua vida
> moral, formalizando a sua
> história terrena, isso pode se
> chamar
> de Fé Raciocinada.

É SIMPLES ASSIM, É SÓ ACEITAR

— Crie uma imagem fotográfica do globo, para facilitar, toda vez que tiver um tempo, para fazer a prática da oração ou dizeres em sua mente com sentimento de vitória; direcionados para os objetivos finais (a solução), e conseguirá com a bênção de Deus a vitória. O merecimento do livramento e a mudança para um ser humano melhor, acontecerá imediatamente.

SIGA PARA A SEGUNDA FASE

Quando tiver esse sentimento de liberdade ou decidir, com uma grande certeza, que esses defeitos e derivados não fazem mais parte da sua realidade de hoje, passe imediatamente para a segunda fase, porque já está pronto para novos ares!!!

Estou grato pela força divina que me fortalece, e me conduz, para o equilíbrio estável, com muita paz e muito amor, porque estou conseguindo modificar.

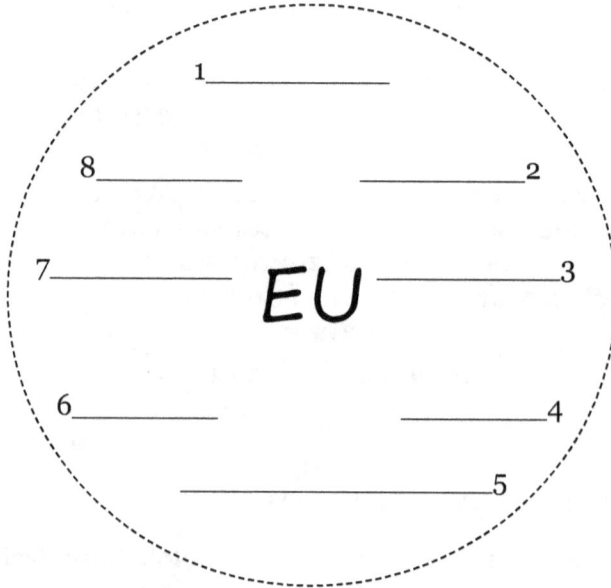

1_____

8_____   _____2

7_____ EU _____3

6_____   _____4

_____5

Merecedor da alegria, da harmonia e vida com Abundância!!!

Graças a Deus!

Página do passado:

DIA	1	2	3	4	5	6	7	8

Lembre-se: Quando for assinalar algum deslize na planilha, preencha e, em pensamento, fale que: a partir de agora, seu Eu pensante está tomando conta da sua mente, por intermédio da inteligência divina, que superará todas as lacunas da sua mente!!!

Página do passado:

DIA	1	2	3	4	5	6	7	8

Dica: Grave mentalmente os defeitos, erros e falhas que quer corrigir, para se policiar no instante em que poderá deslizar.

Leis Naturais

No planeta Terra são refletidas as camadas mais densas de energia do universo.

Trazendo forças naturais que são atraídas para o seu ser, conforme você vai se conhecendo e descobrindo-as em suas formas de conexão:

pensamentos, imaginação, atração e outras.

Por isso, aprender usar a fé, o raciocínio e o autoconhecimento, é fundamental para trabalhar com as energias do universo e gozar dos seus benefícios terrenos, conforme o seu merecimento.

USE A LEI NATURAL DA IMAGINAÇÃO PARA SE VIGIAR:

— Quando estiver se dirigindo a uma reunião profissional, de família ou qualquer local que for se relacionar, imagine uma reunião harmonizada com muitos assuntos interessantes, todas as pessoas participando e, principalmente você, se colocando em uma posição participativa com comentários interessantes.

Para a lei funcionar maravilhosamente bem, seja humilde em seus comentários; não queira ser o último a falar, respeite a vez do outro.

Quatro práticas boas para ter valor nos seus comentá-rios são: ouvir mais, falar menos, ler livros para enriquecer seu vocabulário e escutar a voz consciente do seu Eu pensante.

Utilize também a lei da força do pensamento:

Converse consigo em pensamento o que quer melhorar:

— Quero ser uma pessoa melhor hoje do que fui ontem.

— Hoje, persevero e irei conseguir o meu novo trabalho.

— Hoje, terei sucesso em meu trabalho.

— Deus todo poderoso, me dê a direção que devo seguir como profissão ou projeto.

Ore:

— Divina luz que erradia o meu ser, traga equilíbrio ao meu espírito e saúde ao meu físico, para alcançar meus objetivos.

A lei do pensamento funciona 24 horas, igual à da imagi-nação, por isso tenha sempre a certeza do que quer e não mude uma vírgula, para não interromper as transferências e acabar atrasando o seu merecimento.

Algumas simples práticas de boas ações sociáveis:

— Pergunte para as pessoas, com quem tenha afinidade, o que elas gostam e, se possível, realize.

— Se alguém quer lhe contar algo de bom; dê atenção, envolva-se no assunto e, se for comentar algo relacionado, seja positivo.

— Se estiver envolvido em um assunto sobre projeto profissional que não é seu, envolva-se com positividade total, não faça críticas, elogie, parabenize (pratique a lei do retorno, com sinceridade), assim irá modificar a sua sensibilidade do respeito ao próximo.

— Renove os sentimentos, deixe um bilhete ou carta de amor na mesa do café da manhã para seus familiares; faça o mesmo para os amigos, pelo correio; Será um diferencial para a época de hoje.

Durante essas práticas, deixe rolar uma sintonia e estará reforçando a amizade!

Enfim.

Seja ativo, pratique atividades, sonhe, imagine, crie, projete, divulgue, coloque seu **Eu** em ação, modifique o modo de ver a vida, vibre por qualquer coisa que foi alcançada, saiba que pode ter tudo como: uma ótima saúde espiritual e física, inteligência, ter um ótimo cargo profissional, ser um grande empresário, direito de ser rico em Harmonia familiar e profissional, Ser milionário no amor e na vida financeira.

E tenha a certeza: Você não veio ao mundo para sofrer.

Ao se enfrentar, estará vencendo as suas barreiras mentais negativas e ficará como quer; a melhor coisa a fazer depois é passar a informação que usufruiu a uma pessoa que, a própria, deseja mudança pessoal, assim conviverá aos poucos com pessoas positivas e felizes do seu lado.

Alimente seus dias com boas ações, que retornará com muitas graças para você em forma de atenção cognitiva, amor e merecimento.

___dedico esta fase para _____ e as pessoas que me apoiaram:

_____

_____

_____

_____

_____

_____

_____

Segunda Fase

EU

Superarei as minhas limitações!!!

O Eu livre

EU

É o jogador de xadrez que surpreende a própria mente, sobre os fatos que se tornaram aprendizados!

O Eu livre e com liberdade de escolha, faz tudo aquilo que deseja com raciocínio, coerência e respeito com os aprendizados do passado.

A liberdade de escolha do presente é baseada em estudos e estratégias para não falhar, seja no convívio familiar, na sociedade e no trabalho.

O Eu livre, que é a sua realidade de hoje, estuda e faz estratégias para se proteger de si próprio e dos malfeitos alheios.

Nesse caso da autoproteção: a energia cósmica que envolve o planeta Terra, até o núcleo do seu ser (Deus), protege-o da negatividade alheia ou fatos naturais, alertando-lhe pela mente pensante sobre as prováveis atitudes de malfeitos, através do seu Eu pensante ou comentários protetores do seu convívio familiar ou social.

O Eu livre se torna tão esperançoso, que gera força para a sua perseverança, e fortalece-o 100% na disciplina do estudo espiritual, intelectual e profissional com a intenção para nova era de Riqueza, Saúde, Paz, Harmonia, Alegria para Vida com Abundância espiritual, trazendo-o para o conforto do bem material.

Faça orações ou pensamentos, com muita fé por várias vezes no dia, da mesma forma, e terá resposta do novo caminho a trilhar profissionalmente.

E, acredite, se o Universo do Todo Poderoso lhe revelou o caminho, é porque já está registrado no livro das conquistas que alcançará.

Atenção para Surpreender

É exatamente o que o Senhor Todo Poderoso quer no seu dia a dia. Fique atento com os fragmentos das suas atitudes pensantes e físicas que geram desconfortos nos alheios. Peça perdão a todos que você feriu e perdoe os que lhe feriu .E saiba que a atitude do perdão, é saber surpreender aquele que sabe fazer o mau alheio.

LIBERDADE, LIBERDADE:

Se já se sentiu um pouco livre, ou totalmente das angústias e incômodos, das falhas-erros-defeitos, que maravilha! Está atingindo o objetivo. Se aprendeu a controlar os pensamentos negativos colocando-os, em seus devidos lugares no passado, é uma excelente conquista!

Dicas para distração e se colocar fora do foco de críticas:

— Leia livros de psicologia ou assista filmes de inteligência.

— Converse com as pessoas sobre assuntos interessantes.

— Quando chegar a um local e for obrigado(a) a ficar por algum motivo, e o assunto que estiver em diálogo não acrescentar nada de bom: tente mudar a conversa, sem que percebam, para notícias interessantes; aliviará o ambiente e o clima espiritual.

— Não entre em conversa sobre alheios, que o deprecia; porque estará fora da vibração do seu acordo.

Observação para manter livre sua mente e não aumentar as barreiras negativas:

— Seja verdadeiro com você em todos os sentidos, não finja ser o que não é para não ter frustrações depois.

— Ser verdadeiro consigo é evitar novos conflitos com sua mente; ame a liberdade de ser livre de problemas.

— Não entre em conversas sem crescimento moral.

— Evite fazer contas a prazos, tenha paciência e compre a dinheiro, se for possível; assim evitará desconforto financeiro e mental.

— Faça oração antes de sair de sua casa para o trabalho ou para passear com a família.

— Não sinta inveja das pessoas, é péssimo para seu acordo; quebrará toda a harmonia entre você e a força do universo, que está operando a favor dos seus objetivos.

— Não cobice ou deseje o outro, respeite a história dele ou dela mesmo que, qualquer um de ambos, queira fazer qualquer tipo de traição; E estará respeitando a sua nova jornada de vida com abundância **(não esqueça; acordo é acordo!).**

Para preencher os campos do globo, utilize títulos para identificar os objetivos e sonhos a serem realizados.

Lembre-se: Agora está na evolução.

Terá momentos que sua mente ou comentários alheios tentarão desanimá-lo, com sua permissão, o desânimo lhe incomodará devido às barreiras que; ao longo de sua jornada, se alojou em sua mente, impedindo sua intuição criativa de se aflorar.

As barreiras são como véu sobre os olhos, desfocando a nitidez da bela imagem da conquista, do seu sonho ou distorcendo o seu entendimento; sobre um bate-papo referente ao seu projeto. Para romper as barreiras, deverá focar a mente na vitória dos seus objetivos, sentindo a sensação da conquista do sonho; sendo alcançado, os projetos sendo executados, as metas sendo cumpridas, e voltará para a realidade com mais bagagem emocional, elevando o seu espírito Vitorioso.

Seja Fiel:

É necessário que seja fiel ao primeiro acordo, vigie sua mente e seja rápido para identificar o descontrole (Identificar-assumir-perdoar-modificar-sentir a liberdade) dos maus pensamentos.

____,_____**luto para a minha evolução!**

CRIE OS TÍTULOS DAS CONQUISTAS

— Valoriza seu passado mesmo se for triste e saberá administrar a sua nova história; crie um título da sabedoria.

— Anote os sonhos que quer conquistar; crie um título da conquista.

— Crie o hábito de estudar, programe estratégias para alavancar a sua carreira; crie um título da superação.

— Valorize cada minuto do seu dia com a sua família e amigos; crie um título da fraternidade.

— Valorize seu casamento; crie um título do amor.

— Ame o seu trabalho mesmo que queira outro melhor, lembre-se: Evolução depende da valorização, ame o que tem agora e foque no crescimento intelectual, moral e espiritual, e estará na Evolução; Crie o título da nova profissão.

— Respeite as pessoas como elas são; crie um título do respeito.

— Reconheça suas atitudes e erros que possam acontecer; crie um título da humildade.

— Coloque-se no lugar do outro, para entender a dor que ele ou ela está sentindo; crie um título da compaixão.

— Seja sempre gestor da sua mente e tenha reverência pelos acordos firmados, em todas as fases do método Eu; crie o Título da responsabilidade.

— Seja idealizador de projetos para o seu crescimento financeiro, crie algo para a massa da população; Crie o título com o nome do seu projeto perfeito.

— Faça orações com reverência em todo momento que for possível; Crie o título do agradecimento.

Instruções

A segunda fase do método foi criada para fortificar a sua melhora pessoal e resgatar sonhos, e projetos de crescimento moral, espiritual e material.

— O método funciona perfeitamente com três condições:

Primeiro: Você deve estar seguro do que quer, ser fiel aos seus próximos objetivos.

Segundo: Sempre pratique orações destinada às realizações, dos mesmos.

Terceiro: Quando estiver preenchendo as linhas do globo (mente), que está sendo controlada por você **(Eu pensante)**, Seja fiel! Por que estará firmando um acordo, para a vida com abundância.

Observação: Toda vez que for ler o globo, após a leitura fixe os olhos nele por 5 minutos, olhando-o em 360°, e grave os objetivos que quer alcançar; desta forma, irá se cobrar e se motivar para cumprir o acordo.

Fase do equilíbrio:

— Eu. significa que está classificado como inferiorizado em estado de recuperação, mas na sua Perseverança e Disciplina alcançará o estado de equilíbrio, a caminho do sucesso.

O globo significa que, ao alcançar o estado de equilíbrio, o seu Eu ainda tem possibilidade de voltar a se sentir inferiorizado, deve ter atenção por parte própria; use a sua perseverança e disciplina, valorize o seu crescimento, respeite o seu acordo moral, fortifique a sua fé em Deus e raciocine antes de qualquer decisão final.

— Preencha as oito linhas do globo com as melhorias pessoais que deseja e os objetivos que irá alcançar. Entrelace as conquistas pessoais que vai alcançar.

Do agora para vida com abundância.

Página das conquistas, o ideal é preencher a coluna inteira das datas; do dia que irá começar até a última coluna, para uma autoavaliação; quando perceber que está se sentindo leve e extremamente focado em seu ideal, tenha certeza de que nesse momento estará no sucesso pessoal e conhecerá o ponto do seu equilíbrio!

Alerte-se: Comente suas conquistas só para quem realmente quer seu bem-estar.

FALHAS

— Nas colunas, que representam suas conquistas, deixe em branco os espaços, após ter percebido que não houve esforço da sua parte; o chato da história!

Com esse deslize, podendo se tornar uma falha que ocasiona uma energia negativa, que por sua vez, impulsiona o desânimo para o seu descumprimento do acordo moral.

— Rabisque o espaço, quando fizer uma atitude para a conquista (pensamentos construtivos ou atitudes).

Dica: Faça um rascunho quando tiver uma ideia ou ouvir comentários interessantes, estude-os e inclua os melhores no seu projeto oficial.

CONEXÃO

Em pensamento, utilize sua mente para planejar os detalhes e a imaginação para sonhar acordado, até sentir e enxergar o resultado final do projeto; Sentirá a sensação da conquista contagiando o seu corpo de energia positiva, trazendo a alegria de estar no pódio que criou, com as pedras moldadas pela sua perseverança, que foram encaixadas uma a uma com a sua disciplina e respeito.

Fale: _____,_____, tenho o equilíbrio da minha mente, através da força do universo, conquistarei todos os meus objetivos.

Sei que posso, sei que

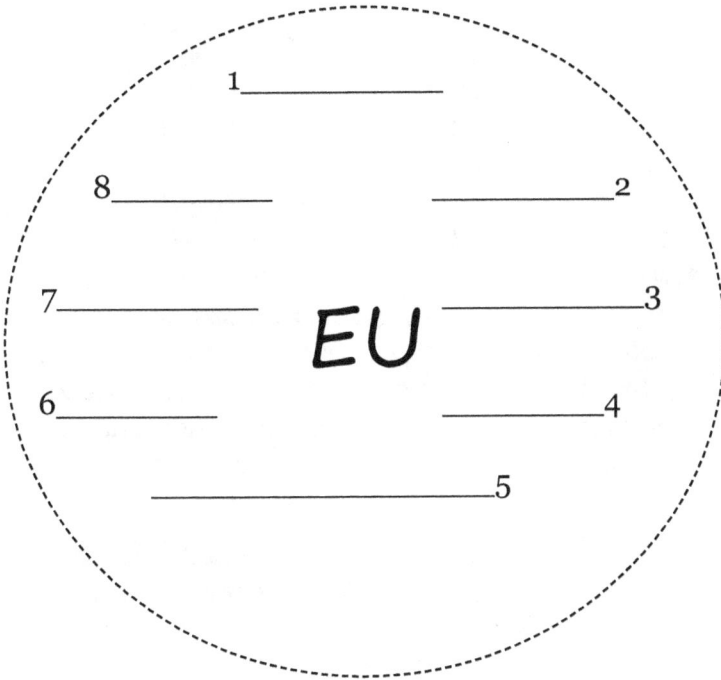

1_____

8_____   _____2

7_____ EU _____3

6_____   _____4

_____5

CONQUISTO!!!

Foco

Ser determinado no que
deseja ser ou ter é fundamental
para manter o foco, em relação ao
que deseja mudar na personalidade;
é determinante se automonitorar nas
atitudes, observações e pensamentos (em
relação a cobiçar, invejar, insatisfação,
insegurança, injustiça, dedução precipitada
...), a falta de respeito, compreensão, empatia
e desprendimento fazem gerar pensamentos
e sentimentos que distorcem a vontade de
mudar o jeito de ser.

Não se deixe enganar pelos maus hábitos
(pensamento negativo), já sabe o que é
bom ou ruim, lute contra o vício da sua
mente; permanecendo com o foco na
conclusão dos seus objetivos, e logo
estará habituado a conquistá-
los!!!

Melhoras, liberdade e realizações!!!

DIA	1	2	3	4	5	6	7	8

Determinação, foco e disciplina!!!

DIA	1	2	3	4	5	6	7	8

BASE DA SEGUNDA FASE:

Raciocinar, decidir, ter fé, planejar, focar, sonhar acordado, bloquear os maus pensamentos, elevar a autoestima se amando e se valorizando, não ter inveja das pessoas, não cobiçar, ser grato por tudo que tem, acreditar em sua capacidade, ser verdadeiro, lutar pelo ideal com respeito ao próximo.

Essas são as composições-base para conquistar e vivenciar os objetivos do acordo da segunda fase. Talvez tenha conquistado alguns dos objetivos, podendo ser os mais fáceis ou os mais ambiciosos, como os projetos que vão alavancar sua vida financeira. Os quais ainda não realizou, poderá conquistar na terceira, só depende do seu poder de concentração mental.

O caminho das conquistas já foi aberto através da espiritualidade, saiba que o universo das leis naturais também tem o seu tempo; a paciência é uma grande qualidade do sábio.

É muito importante ser fiel à sua tranquilidade mental para seus pedidos não sofrerem distorções e se atrasar. A maneira mais fácil de se manter tranquilo(a) é relembrar do globo da primeira fase onde estão armazenadas as angústias e chateações; após ter recordado das frustrações, verá que não vale a pena desperdiçar seus minutos e horas falando dos detalhes do passado e depreciando o presente.

O mais importante, é não deixar de investir nos seus sonhos, sendo em forma de pensamento ou atitudes de superação dos seus limites.

Dedique esta fase para si e para as pessoas que lhe apoiaram:

_____

_____

_____

_____

_____

_____

_____

_____

_____

_____

_____

_____

_____

_____

_____

_____

_____

_____

Terceira Fase
Querer é Poder!

EU

Filipenses 4:13 - Bíblia Sagrada
Tudo posso naquele que me fortalece!!!

Atenção cognitiva

EU

Atenção é um conjunto de normas que o seu Eu pensante deverá ter a partir de agora.

Amor em: Deus; em si próprio; familiar; social; junto com: Disciplina, Perseverança, Observação plena, Respeito, Ação total para com os seus objetivos, Luta pelo ideal da conclusão das suas idealizações. Adquirição de informações coerente e harmonizadas sobre o seu projeto profissional, que irá englobar o seu bem-estar familiar e financeiro.

Confie

Acreditar no seu potencial é fundamental, para as novas conquistas registradas por você no acordo moral nas três fases. A disciplina na fé em Deus é a perseverança que irá receber do universo das informações, trazendo para a sua mente e transformando, assim, em matéria o seu sonho.

Seja feliz, Deus está com você, Ele confiou a vida para o seu ser; Jesus trouxe as informações da forma mais nítida possível sobre a vida com abundância.

Estude, dedique, acredite, você pode ter tudo que quer; Querer é Poder, se você pode, então está esperando o quê?

Reverência é primordial

Ore, peça informação ao Universo das Informações divinas, Faça reverência em suas orações, coloque cada vez mais concentração em sua mente com intenção de conquistar os seus objetivos e deixe o Senhor do Universo cuidar; Logo a informação chegará e estará pronto para receber o pedido.

Execute o projeto com as informações passadas com amor e respeito, concentre-se e conseguirá ultrapassar tudo aquilo que não imaginava alcançar como pessoa, e como profissional.

Reconheça suas falhas rapidamente

A atenção cognitiva do seu Eu pensante com o mundo espiritual das informações coerentes do Poder de Deus, está atenta o tempo todo com o seu desempenho como pessoa e profissional; em um pequeno deslize do seu foco em sua mente, sentirá um leve desânimo referente ao seu ideal que contagiará suas células emocionais, que trazem em pulsos para o seu desempenho das atitudes pensantes e físicas. Alerte-se!! Não viole o seu acordo moral de nenhuma forma, ame a cada minuto que estiver acordado para poder relaxar ao dormir.

Obtendo informações extraordinárias

Durante o sono ou visão subliminares, irá ter resposta do seu projeto profissional; Durante seu dia irá executar as ideias que vêm como um raio de luz irradiando a sua mente pensante.

Respeite e confie em todas as palavras que irão surgir na mente; Conforme irá projetando o seu projeto profissional.

Descreva cada ordem e, ao final, perceba que o projeto está em total coerência e harmonizado.

Entre em ação porque o caminho já está liberado para você brilhar, não se preocupe com o dia ou a hora que vai divulgar, saiba que o Universo das informações terá a resposta. Faça oração pedindo a informação e irá receber.

Aja, busque, acredite, lute, faça e acontecerá. Você pode tudo com Atenção cognitiva.

Conquista

e

Disciplina e perseverança

Conquista é baseado em disciplina e perseverança no objetivo alvo. Igual o Amor de Deus que irradia o seu ser, movendo suas células para conectar com o seu raciocínio lógico e assim aflorar suas ideias pensantes, que reinam sobre o universo da sua mente, vá atrás de tudo aquilo que pertence às ideias e descobrirá a disciplina que rege a perseverança para as conquistas merecedoras da sua História.

SUPERAÇÕES E CONQUISTAS DOS PROJETOS:

— Esta fase é a mais delicada e a mais gostosa de sentir, após ter se libertado dos maus costumes e se tornado amigo de todos; Parabéns! Se tornou uma pessoa melhor, livrou-se dos males que ao longo de décadas foi plantado em sua família que passou por gerações até chegar em você. Excelente conquista! Essa é mais difícil de conquistar; a partir de agora todos os objetivos acordados no método do seu Eu pensante terão base sentimental concreta, e o maior seguro dessa obra é sua melhora pessoal com a positividade familiar no alicerce, agora é se manter firme em suas orações e no foco do seu projeto profissional.

Profissão que almeja

Você talvez tenha uma profissão simples ou cargo de confiança, independente de qual seja a sua função, poderá alcançar o cargo que quiser. Pratique a lei do pensamento e da imaginação, tenha fé e raciocine.

O que quiser ter, terá! A qualidade de vida que quiser obterá (se informe sobre a profissão, sonhe ocupando o cargo e logo surgirá a oportunidade)!

Deseje a sua vida assim:

Viajar para onde quiser; comprar o que quiser; ter o melhor convênio médico; ter uma saúde excelente; ser feliz completamente; ajudar qualquer pessoa; enfim, dependendo de sua dedicação no estudo do seu intelecto, poderá alcançar! Uma certeza você já tem: O Poder divino estará sempre lhe guiando, conforme vai se dedicando com perseverança e disciplina!

Alerta e foco

— A atenção nesse momento de fixação no seu projeto é fundamental, o alerta das suas vontades já foi dado através dos seus pensamentos para o Ser Superior, as respostas podem chegar através de um comentário ou uma ideia. Fique atento, a oportunidade pode estar em suas mãos ou ao seu lado, familiares, amigos ou ideias repentinas.

— Fortifique seus objetivos, renove os títulos que ainda está a caminho para a conquista. A cada renovação, imagine e sinta o prazer da conquista, através desse sentimento de vitória que sua imaginação traz.

Escreva e Fale no sentido que já conseguiu e se mantenha firme na mente e nas atitude de superação dos seus limites.

O Método Eu lhe pergunta: Já se perguntou realmente por que ainda não tem uma vida com abundância? O segredo está na primeira fase do método, lembre-se:

— Reconheça seus erros e defeitos, pergunte sobre seus comportamentos para seu convívio social. Não se esqueça do velho ditado, "O que vai, volta". Tenha a certeza de que só conseguirá os seus objetivos com a base sentimental concreta.

O apoio de seus familiares ou amigos, junto com a honestidade, a verdade e sua própria valorização; esses sentimentos e condutas são fundamentais!

Parece ser cansativo, mas é produtivo e se torna hábito quando é praticado, o método diariamente. Ele foi criado com essa base de amor e complementa com dedicação do autor que está passando essa informação ideológica, surgida em plena decisão de mudança. Siga, é simples, confesse suas falhas a si, busque sua melhora, crie um projeto chave para contagiar o seu convívio e o mundo como: um novo emprego ou cargo profissional, um livro, aplicativo de internet, uma máquina diferenciada, etc., e, através dele, irá realizar todas as melhorias pessoais devido à motivação e à realização dos seus bens materiais.

> *Se ame e valorize sua história de vida, ame sua família e dê valor ao que já conquistou, respeite as pessoas como elas são e siga em frente com sua ambição de explorar a vida com abundância. Tenha certeza de que você é merecedor de uma história de vida admirável!*

IDEIAS PARA PREENCHER O TERCEIRO GLOBO:

— Crie o título do seu projeto profissional e tenha certeza que a massa humana já está usufruindo a sua ideia.

— Crie o título da conquista do diploma da nova profissão.

— Crie o título do seu sonho realizado e da sua família.

— Crie o título da Saúde, da Harmonia de sua família.

— Crie o título do novo saldo Bancário.

— Crie o título do grande amor que existe entre você e seu cônjuge.

— Crie o título da valorização que tem pelo próximo.

— Crie o título do amor que sente por você e pela divina luz cósmica que se derrama sobre você.

— Crie o título da gratidão das vitórias.

— Crie o título da Harmonia, da Paz, da Felicidade, do prazer de vivenciar tudo o que quer e pode ter. Porque: "Tudo você pode com aquele que lhe fortalece!!!" (diz Jesus de Nazaré).

COMBUSTÍVEL DAS CONQUISTAS:

Foco, atenção, vigilância, autocontrole dos pensamentos e das atitudes, pensar antes de falar, decidir e agir; essa é a hora de receber o sucesso que tanto lutou para ter.

Foco no maior objetivo, que é aquele que vai ser o grande modificador, deve conter moral, Espiritualidade e determinação para se transformar em material.

Para manter a mente no seu objetivo, não faça críticas que depreciem qualquer coisa como o trabalho, conhecidos, família, políticos.

Não desvie seu foco de forma alguma, viva em estado de concentração, determine que irá conseguir concluir seu projeto agora; com este estado de atenção cognitiva, verá o momento presente com mais gratificação, dessa maneira, mudará para o bem o seu modo de ver a empresa em que trabalha ou coisa do tipo, e as pessoas com quem convive.

Não revele o seu projeto para pessoas alheias, só para quem o admira como você é; que seja uma pessoa da sua confiança, ou guarde entre você, sua mente pensante e a conexão Divina.

Eu, o autor, já recebi várias ideias fantásticas, planejei e algumas escrevi em rascunhos, mas não levei adiante, e sabe o que aconteceu?! Acho que deve estar imaginando; em pouco tempo encontrei algumas ideias que recebi, materializada em nome de outra pessoa e, tenha certeza, a ideia deu certo e com sucesso! Saiba que: se recebe uma ideia, ela é divina, e se não colocar em prática, outro colocará; porque alguém tem que revelar o ciclo das ideias, o ciclo não pode parar.

Já passou por isso???

Siga em frente, reforce seus objetivos e coloque em prática, não fique parado, a conexão existe a partir do momento que determina o que quer. A imagem de uma emissora vem através do momento que determina ligar o televisor. Agora, dê a partida! Você já tem combustível suficiente para iniciar a nova trajetória de sua história.

Instruções sobre o método e como usá-lo:

— A terceira fase do método foi criada para realizações de todos os objetivos e para isso, deve sempre reforçar suas decisões e fortalecer na prática, nunca é de mais lembrar de como funciona o método: concentração plena em seu Eu pensante com a atenção cognitiva em $360°$ grau, manterá o equilíbrio, é fundamental para as vitórias.

— Lembre-se : Orações sempre com reverência.

Observação: Fixe os seus olhos por 5 minutos no globo, para gerar uma imagem fotográfica na sua mente e assim trabalhará com a lei da atração.

Alerte-se <**A sua vida agora é outra, é uma pessoa vitoriosa e invejada, mas as oraçõessempre irá lhe proteger com a graça de Deus**>.

— Nas colunas que representa as suas conquistas, deixe em branco os espaços após identifica que não ouve esforço da sua parte, que automaticamente se tornou mais uma falha.

— Rabisque ou pinte o espaço, quando fez uma atitude para desenvolver o projeto.

Diga para você na hora que vai rabiscar o espaço em branco:

— Eu sou merecedor de uma Vida com abundância.

Dica: Em pensamento utilize sua mente para planejar os detalhes do projeto e na imaginação veja-o realizado, agora já tem tudo que precisa para divulgar seu projeto!

Oração do autor para
alcançar o objetivo deste
método

O Método Eu está sendo dirigido pela
inteligência divina,
trazendo todas as informações coerentes e
harmonizadas para este
Método de autoajuda Espiritual
que irá refletir para
vida com abundância de todos os leitores deste.
Graças à inteligência suprema do
Universo das informações que
traz em minha mente.
Graças a Deus!

Eu quero e posso realizar os meus objetivos,
porque o Poder divino reina sobre o meu

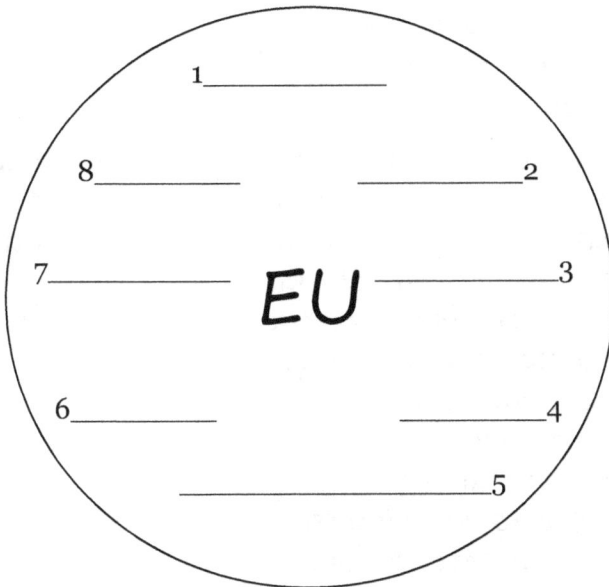

Conquistas e conectividade!!!

Deslizes momentâneos são normais

São aqueles momentos que você ouve ou vê acontecer; parece ou dar a entender que está acontecendo algo parecido com um fato do passado que lhe incomodou muito emocionalmente.

Alerte-se com esses deslizes, eles podem se tornar grandes muito rapidamente e transformar o seu presente em um martírio.

Essa tribulação se deve a algum pensamento repentino antes do fato acontecer, que talvez não acontecerá; por esse motivo, gera um deslize de inferioridade. O mau pensamento, antes do ato vivido, faz com que a sua mente pensante acredite que você quer vivenciar o ato. É por isso que, de repente, sem você esperar, o imaginário acontece! Aquilo que não queria que acontecesse; saiba que ao mesmo tempo que não queria que se consolidasse o ato, os detalhes do mau pensamento foi fortificando em sua mente e se transformando em sentimento verdade. Lembre-se: Existem os dois lados; Tudo que sua mente acredita se materializa!

Para não chegar ao ponto de se concretizar o mau pensamento, deverá usar a prática da primeira fase: Identificar, assumir, perdoar, modificar e se libertar o quanto antes, a permanência da sua atenção ao pensamento pode ocasionar frustrações desnecessárias e acabará transformando o seu momento presente em um desconforto geral, após ter a certeza de que só foi um mal entendido da sua percepção, irá sentir um leve arrependimento.

Cuidado para o mau pensamento não se tornar concreto?!

Atenção: esses deslizes são normais pelo motivo de que não somos máquinas computadorizadas que se pode deletar um arquivo ruim e evitar as possíveis falhas no sistema.

Somos máquinas humanas perfeitas e mais completas do que uma máquina computadorizada, mas não eliminamos aquilo que vivenciamos como erros. A nossa vantagem é que podemos ir e vir para onde quisermos, fazer o que quisermos, até comandar as máquinas computadorizadas!

Se direciona uma máquina criada pelo homen, porque deixar a sua mente ser controlada por pequenos fragmentos criados, pelas sua falhas?!

Lembre-se: Você pode controlar a sua vida o tempo todo para o seu Bem-estar!!!

Eu posso, Já consegui!!!

DIA	1	2	3	4	5	6	7	8

Foco, determinação, combina com Paciência!!!

DIA	1	2	3	4	5	6	7	8

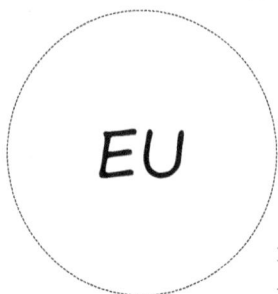

AMOR PRÓPRIO COM A ATENÇÃO COGNITIVA

TRAJETÓRIA ALEATÓRIA

EU

Durante a trajetória da vida terrena, o ser Humano comete falhas e erros por causa dos defeitos que se ocultaram conforme era praticado, com noção ou sem noção; a gravidade maior era o deslize natural por falta da racionalidade ao futuro.

Nesse período, é expressado diante do espelho aquilo que quer se enxergar, e Jamais pensava que era menos, da certeza que imaginava!

Ao passar dos anos, começava a perceber alguns defeitos como: Egoísmo, orgulho, egocentrismo, etc..., que levava-o ao autossuficiente e outras compreensões nesses sentidos. Essa percepção é derivante do amadurecimento pessoal, levando-o a tomar a decisão de mudar o jeito de ser.

DESENVOLVIMENTO DA CONEXÃO TERRENA

O Eu pensante que **O Método Eu** cita durante a prática de cada fase é a semente do amor de Deus plantada em cada ser humano (A conexão entre seu Espírito, Espiritualidade universal e o Todo Poderoso), em cada animal e em qualquer coisa que contém vida; conforme as células se desenvolvem, o amor de Deus define cada detalhe delas e junta-as para gerar o corpo; Conforme chega o dia e a hora de nascer para a vida, as percepções se desenvolvem e o raciocínio se multiplica.

Ao passar os anos, as informações dos pais, da escola, do convívio social e a mídia em si formam o modo de ver e ser do recém-habitante da Terra; se durante essa caminhada os pais ou responsáveis não souberem dirigir as informações corretas e assim, da mesma forma, os outros veículos informativos.

Como o Ser irá distinguir o certo do errado, se na fase primordial da vida terrena, não sabe que possui um Eu pensante que o guia para o caminho certo e com ele pode ter tudo que quiser e tudo que querer ser como profissional!

A educação com a bondade ou a educação com a insensibilidade, qual das duas normas e regras que deve seguir; Se os pais ou responsáveis terrenos não souberem informar. Quem irá orientá-lo?!

O AMOR PRÓPRIO INFLUENCIA PARA AS DECISÕES OU ALERTA-O COMO, POR EXEMPLO:

— Estimula-o para cuidar da autoestima; protege-o das atitudes alheias; apresenta-o às oportunidades do seu crescimento em geral. Se as informações que os Pais ou responsáveis obtiveram (Familiares, escola, mídia) não forem corretas, ocasionará a perca da percepção por vários fatores como, por exemplo: Por que não informar para os filhos a legalidade dos fatos vividos para receber o título de Pai, Mãe ou responsável; se os responsável em geral não expressam a sua experiência real, como os filhos irão distinguir o que é errado ou certo?! Se o errado está sempre oculto atrás de uma aparência coerente dos responsáveis.

Se os filhos perderem a percepção de comportamento, como eles irão raciocinar para crescer coerentemente com as normas de educação favorável ao bem-estar humano como: Amar o próximo como si mesmo, se o próximo é ele mesmo! Se ele não se amar, como pode se respeitar; se ele não respeita o amor próprio!

Os filhos devem ser nutridos diariamente com amor sincero como uma flor deve ser regada com água e atenção. Pais em geral, a nutrição é feita através de orações e informações das suas experiências boas e ruins, A realidade da sociedade como Drogas, Prostituição, Roubo, Brigas escolares e de rua; Informá-los sobre como ter qualidade de vida através de estudos com entusiasmo e informá-lo sobre o mundo cotidiano com respeito. Lembre-se: Se você não entendeu e não conseguiu passar a informações; Ore peça a Deus ajuda, tenha certeza, ele se manifestará através de intuição em seu ser ou na família ou convívio social.

Os filhos sempre esperam algo para aprender e, se não chegar ou ouvir a informação coerente sobre a vida real e as experiências que o fazem sobreviver, o ciclo da incompreensão da diversidade da vida irá continuar. Uma dessas pessoas pode ser você, o que vai fazer para o futuro em que quer estar?! Vigiai e orai.

É exatamente isto que o método vem trazer em sua vida, o alerta da Bíblia, o Evangelho de Jesus que leva à paz espiritual e os livros psicologia; eles juntos relembram e atualizam a intelectualidade dos fatos reais da vida; Deverá se informar sobre a Bíblia de forma racional e coerente, daquilo que é real a ser interpretado em sua passagem aqui no planeta Terra; através de uma autoconsulta que é a recomendação de Jesus, Orai e vigiai:

— A oração, com perseverança e disciplina na fé, torna compreensíveis os defeitos que a cada reconhecimento deixam de ser ocultos. Em sua dissipação para o passado, com o devido respeito, enxergará as qualidades que carrega da infância até agora, com mais nitidez.

— Vigiar, é amar a Deus sobre todas as coisas, cuidar da família, da relação social.

Vigiar amando e respeitando as pessoas é a melhor forma de combater o mal da contrariedade como: a falta de compreensão dos fatos, a desigualdade social e outras desavenças terrenas, que são ocultas, mas nítidas na brutalidades dos fatos sofridos pela sociedade e leiga da verdade, sobre a sua capacidade de raciocinar para estruturar a família, e cultivar o amor sincero e puro.

Vigia, Ore, Raciocine, Persevere, assim obterá o conhecimento necessário para a sua evolução!

Siga para quarta fase

Caro(a)! _____, após ter feito as três fases anteriores, a sua compreensão sobre a importância da disciplina e da perseverança que leva à Fé e raciocínio, o amor próprio ao conhecimento do amor de Deus, à importância da família e o convívio social; agora faça a quarta fase, que significa a magnitude do seu reconhecimento da vida, deixada sempre à sua disposição pelo Todo Poderoso Deus!

Desenvolver a vida com abundância

Na formação dos títulos da quarta fase, deve ter nitidez da pluralidade do amor sem o apego terreno, lembre-se: Busque sempre a evolução espiritual e intelectual com respeito, para uma maior compreensão dos fatos da vida na Terra, faça valer a pena a nitidez que Deus o permitiu utilizar nos últimos dias e meses, conforme a sua dedicação e sempre tenha a certeza de que Deus não tira aquilo que você tem a noção, mas é você que a perde a cada esquecimento de moralidade sobre a veracidade do fato.

Na prática do Método, crie os títulos com amor familiar e social. Reúna a família para lhe ajudar na construção desta fase.

Crie os títulos do sucesso:

— Do trabalho pessoal ou social.

— Planejamento da nova vida.

— Comprando o bem que antes era impossível.

— Se tornar rico em todos os sentidos e distribuir riquezas com racionalidade e amor.

— Conhecer o mundo e distribuir oportunidades para o crescimento de todos.

— A riqueza na saúde, na beleza interna e externa, repasse para a sociedade com nitidez.

— Reverencie Deus como o seu maior seguro. Incorpore o amor a todos.

Lembre-se:

— Não criticar, mas ajudar a solucionar sem vangloriar!

— Faça a diferença; o amor é o bem sobre todas as coisas, fazer o bem é manter o mal à distância, até dissipá-lo da Terra.

— Seja conselheiro do bem em seu lar e na sociedade, distribua amor por todos, demonstre a facilidade e a felicidade de viver a vida; Ame e respeite a todos como os: Familiares, os Moradores de rua, os Hospitalizados, os refugiados de guerras, os Políticos... Não se apegue aos detalhes da falha da sociedade, mas veja a possibilidade de mudar, encontre o impossível através da sua Fé para solucionar, acredite sempre em DEUS e estará cultivando o amor a você e a todos.

Globo da compreensão do Amor pela vida

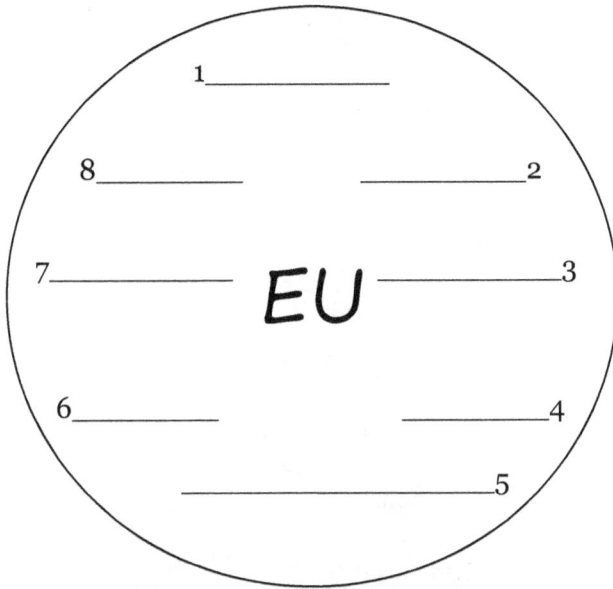

*Vivo com abundância em minha vida; amor
e respeito a tudo e a todos!!!*

Planilha do Amor e racionalidade

DIA	1	2	3	4	5	6	7	8

Poderá ser o que quiser, com boas intenções!!!

DIA	1	2	3	4	5	6	7	8

Observação: O Método Eu não é milagroso, mas uma simples ferramenta de estímulo. Mantenha seus pensamentos firmes nos objetivos, mesmo que tenha acabado a planilha e verá o resultado próspero!!!

QUALIDADES PARA UMA BOA TRAJETÓRIA

Fé, Raciocínio, Perseverança, Disciplina, Amor; Querer ser, Lutar, Força, Atenção! São sentimentos e dedicações que fazem um Ser do bem, é essa gratidão pela vida, o amor inato pela Paz mental e social, amar e ser amado é uma dádiva de Deus que está à disposição 24 horas; permitir Deus abrir os caminhos, é a maior racionalidade que um Ser humano de Bem usufrui. Independente se é letrado ou iletrado; a compreensão da importância da inteligência Divina, vem conforme a sua vontade para desenvolver o crescimento espiritual, ou pela aprendizagem do dia a dia (as dores da Sabedoria).

AMAR E SER AMADO

São dois respeitos pela vida da compaixão, da harmonia e da alegria de viver em paz e equilíbrio.

A compreensão de amar o seu bem-estar é saber que o agora influencia positivamente os minutos, horas, dias, anos a seguir e será de entusiasmo total pela vida, quando se descobre a facilidade de articular uma desavença para o bem estar, é uma nostalgia de felicidade, é vibrar com sabedoria e humildade!

Quando se pratica a humildade de reconhecer o erro pessoal e se colocar na posição da pessoa que feriu, é fenomenal! Para a evolução da compaixão por isso que o Amor é o sentimento inato para vida com Abundância no planeta Terra!

FAZER O BEM

Fazer o bem é uma das formas de fazer a alegria, a satisfação, a esperança sua e do convívio durar mais tempo. Ame tudo que seus familiares faz, valorize cada detalhe, ajude sem fazer críticas, respeite-os e estará fazendo um bem enorme no dia a dia de cada um, inclusive no seu, que terá pessoas com harmonia e positividade para lhe proporcionar ideias em suas decisões.

AGRADECER POR TUDO

A gratidão é um sentimento certo de retornos positivos; agradecer é a forma mais ilustre de reconhecer as dedicações das pessoas; Deseje bom trabalho e Agradeça! Os atendentes de lojas, Porteiros, Policiais, Enfermeiros, Faxineiros, Chefes, Patrões ou Funcionários, qualquer pessoa que lhe oferecer ajuda, mesmo que for remunerado, ela é digna de gratidão; automaticamente você passará positividade, que irá se transformar de atendimento para gentileza em lhe atender na próxima vez; Veja que: A gratidão, é recíproca!

Agradecer o trabalho que hoje ocupa, mesmo que não sinta prazer, é fundamental para enxergar uma válvula de escape e assim poderá se concentrar para estudar e conseguir o novo trabalho em que sente prazer. Sempre agradeça a Deus tudo que tem e verá, satisfação a todo instante.

Eu,_____ agradeço a Deus, a Vida com Abundância que ele me oferece!!!

SEM APLAUSOS, O DIRETOR AQUI FOI VOCÊ.

Eu, o autor, só sou um simples informante de uma Ideia que se tornou pratica diária, que utilizo para o meu bem-estar e com o meu convívio.

Não vou acabar esse método com palavras bonitas ou lição de moral, mais sim com uma grande satisfação que consegui enxergar a felicidade prometida aqui na Terra; aprendi a ser grato por tudo, aprendi a dar valor à minha esposa e filhos, aprendi a respeitar o meu convívio social.

Amar e ser amado pela minha família foi e é sagrado para mim agora.

sofri durante anos com a falta do autoconhecimento e inclusive com o desconhecimento do meu Eu pensante, que hoje utilizo a todo instante; a nossa comunicação é maravilhosa, mas quando eu me desligo daquilo que me propus, ele me cobra com um arrependimento profundo; O legal é que o Amor de Deus é tão perfeito, que me mostrou o caminho do meu amor próprio para me aliviar com pensamentos positivos que fazem ressurgir a Paz e o Equilíbrio no dia a dia!

Obrigado, irmão(ã), por tudo, espero que **O Método Eu** lhe tenha ajudado, como me ajuda até hoje.

Todos os auxílios são ótimos e se este lhe proporcionou ideias, repasse para frente e assim o ciclo dos conselheiros do bem continuará, e o seu convívio harmonizará!!!

Dedique esta fase para si e para as pessoas que lhe apoiaram nesta:

_____

_____

_____

_____

_____

_____

_____

_____

_____

_____

_____

_____

_____

_____

Dedico a todos:

Eu, Fabiano Mendes, tenho 33 anos, sou casado há 13 anos com Suelen V.C. Mendes, temos dois filhos: Henrique Miguel e Mayara Alice; Minha profissão atual é de Porteiro em uma transportadora de produtos de limpeza, estudo para ser um Bombeiro Civil e Tec. Segurança do Trabalho, gosto de praticar corrida de rua, meu sonho sempre foi ajudar e agora encontrei uma oportunidade; este projeto de vida que você acabou de ler foi a melhor forma de passar a informação para todos do meu convívio social e atingir mundialmente.

Decidi passar esta ideia divina que me abençoa diariamente para as pessoas que perceberam a necessidade de mudar o jeito de ser consigo mesmo e com os outros.

A inspiração deste método foi baseada na dedicação de minha esposa para minha melhora pessoal, que também me ensinou a gostar de livros, a partir da dedicação da minha amada, acabei sentindo a necessidade de orações para minha paz espiritual, desenvolvi um hábito de praticar, sempre no mesmo horário, por 15 minutos ou mais, preferia praticar de madrugada às 4 horas da manhã, por causa do silêncio noturno, juntando a vida espiritual e a necessidade material, desenvolvi a fé raciocinada e o crescimento intelectual, moral e social, através de livros de Psicologia e do Evangelho de Jesus.

Ao ler por várias vezes os mesmos livros, encontrei a essência do **Método Eu** que foi e é a simplicidade de mudar o ponto de vista dos pequenos e dos grandes defeitos na personalidade, aceitação do físico, e na aceitação dos erros consigo, familiares e sociedade; passei a enxergar as barreiras e as vendas que deixei serem criadas em minha mente.

Antes de decidir ser um marido e um pai melhor, era ganancioso pela vontade de crescer na vida e não tinha a base escolar completa e nem a base de educação social, era um leigo de autoconhecimento e desconhecedor do Eu pensante, mesmo com essa falta de racionalidade, a intensão da minha vontade de ganhar dinheiro era e sempre foi para ajudar a minha mãe e depois minha família, no fim a ganância me cegou. A grande decisão que tomei para mudar foi a partir de uma revelação pessoal de grande importância, criada pela ansiedade de crescer financeiramente e que quase acabou com o meu casamento, mas pelo pingo de consciência que eu tinha na época que praticava o erro, fazia várias orações durante e depois de me libertar do vício da mente, pedindo o perdão e o livramento(sem saber o grande benefício que iria me fazer no futuro).

Durante anos que permaneci com este segredo guardado, em minhas orações, pedia a Deus que quando fosse a hora da revelação do segredo,queria estar preparado para contar para minha esposa e que ela também estivesse pronta e madura para escutar; e Graças a Deus, assim aconteceu.

A partir desta fase da revelação que decidi ler livros todos os dias, surgiu o primeiro rascunho do método que foi evoluindo conforme o tempo. A última vez que usei **O Método Eu** foi a partir do dia 15-02-2016, que comecei a prática persistente da melhora da primeira fase e no dia 20-02-2016 estava melhor; comecei a segunda fase no dia 21-02-2016 e no dia 03-04-2016 me desequilibrei, voltei dois dias na fase anterior, voltei para a segunda no dia 06-03-2016 e até 20-03-2016 me equilibrei, do dia 21-03-2016 até dia 17-04-2016, realizei os meus objetivos da terceira fase; finalizei a quarta fase com a realização do sonho do projeto que vocês está lendo no dia 26-06-2016.

Pratique sempre **O MÉTODO EU;** é uma forma simples e eficaz, com a sua perseverança e disciplina diária, obterá o sucesso da mudança pessoal e a riqueza da moral refletindo para o sucesso profissional e a riqueza material.

AGRADEÇO

Cada ser humano tem o seu valor, então os meus agradecimentos serão exclusivos para cada um:

Agradeço primeiramente o Senhor Todo Poderoso pelas informações passadas através do Universo Supremo de informações, e do irmão Jesus Cristo e todos os escritores, intelectuais.

Agradeço à minha mãe, Dona Gil, pela bênção do caminho da minha vida aqui neste lindo planeta.

Agradeço à incrível parceira de afinidade espiritual, a minha linda esposa Suelen, que reina no meu amor carnal e espiritual.

Agradeço aos meus filhos Henrique Miguel e Mayara Alice, pela divina oportunidade que me deram de ser Pai.

Agradeço a todos os meus irmãos; Vando, Damiana, Rosemeire, Rodrigo, Tiago e Ariane.

Agradeço à minha sogra Suely e ao sogro Aurélio, pelo o apoio diário.

Agradeço à vó Virgínia, que me adotou como neto.

Agradeço à Tania, ao Carlos Lins e seus filhos, por todo apoio moral e material, que nos ofereceu.

Sou grato ao meu pai amigo, Pierre, pela amor e carinho por mim e minha família.

Enfim, na vida, para ser completamente feliz, é só querer. Obrigado a todos!

Contato com o autor:
email:ometodoeu@gmail.com
Canal:Youtube.com
Web site: O Método Eu
O que eu, Fabiano Mendes, puder contribuir,
para a valorização da liberdade da vida, farei!!!